Das Geheimnis
des
Waldes

Alexandra Dannenmann

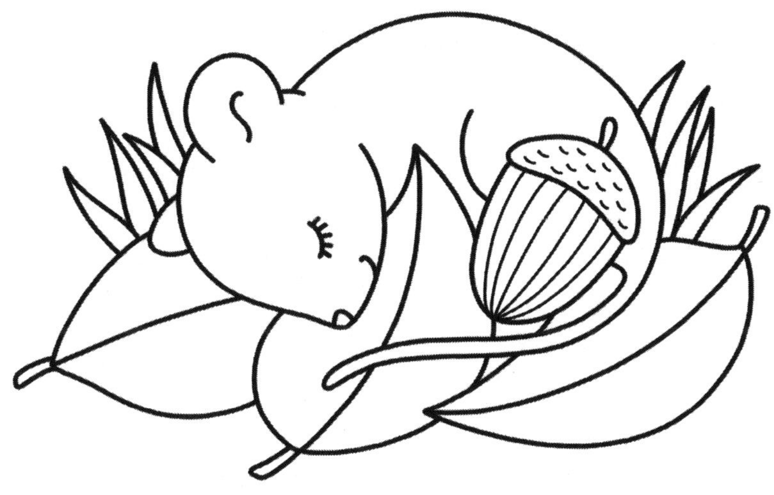

Independently published
5. Auflage: September 2025
ISBN: 978-1518623776

Ein kostenloses Bild zum Ausmalen findet Ihr auf
www.alexandra-dannenmann.de/free-download.

Dieses Buch gehört

Herzlich willkommen!

Ich freue mich sehr, dass du dich für mein Malbuch
„Das Geheimnis des Waldes" entschieden hast. In diesem liebevoll
gestalteten Malbuch erwarten dich über 30 von Hand gezeichnete,
detailreiche Illustrationen, die darauf warten, in den
schönsten Farben ausgemalt zu werden.

Ein zauberhaftes Ausmalbuch, das den hektischen Alltag vergessen lässt
und innere Ruhe und Ausgeglichenheit schenkt. Ein Buch zum Entdecken,
Entspannen und Träumen. Suche die Schmuckstücke, die auf einigen
Bildern versteckt sind und erwecke den Wald mit Farbe zum Leben.

Ich würde mich sehr freuen, deine ausgemalten Kunstwerke zu
sehen. Teile sie doch bei Instagram und verwende dafür bitte
#alexandradannenmann, damit ich dein Bild finden kann.
Oder poste sie auf meiner Facebook-Seite.

Über eine Rezension auf Amazon würde ich mich
natürlich auch sehr freuen.

www.facebook.com/groups/AlexandrasColouringBooks
www.instagram.com/alexandra.dannenmann
www.youtube.com/@alexandra.dannenmann
www.alexandra-dannenmann.de/malbuch

AUSMAL-TIPPS

Ich empfehle dir, ein paar Bögen Papier als Unterlage unter die Seite zu legen, die du ausmalen möchtest. So verhinderst du, dass die Farbe durchdrückt oder auf die darunterliegende Seite gelangt.

Zum Ausmalen eignen sich am besten Buntstifte. Du kannst sie in mehreren Schichten auftragen oder verschiedene Farbtöne miteinander verblenden.

Falls du lieber mit Wasserfarben oder Filzstiften malen möchtest, teste diese zunächst auf den Farbtestseiten am Ende des Buches. So kannst du prüfen, ob die Farben eventuell zu stark decken und auf der Rückseite des Papiers durchscheinen.

Alle Seiten in meinem Buch sind einseitig bedruckt. Dadurch kannst du deine ausgemalten Bilder ausschneiden und an die Wand hängen.

Ich wünsche dir viel Spaß beim Ausmalen und freue mich schon auf deine Kunstwerke.

Herzliche Grüße
Deine Alexandra

Viele Jahre lang hat der Wald
sein Geheimnis gehütet.
Ein verziertes Kästchen unter Blättern
und Pilzen versteckt.

Doch ein besonders schlauer
Waldbewohner hat den Schlüssel
des Kästchens entdeckt und auch die
kostbaren Schmuckstücke darin.

Suche die Schmuckstücke,
die auf einigen Bildern versteckt sind
und erwecke den Wald mit
Farbe zum Leben.

Lösungen

1 Kette

1 Ohrring, 1 Kette

1 Kette

1 Ohrring

1 Kette, 1 Ring

1 Kette

1 Kette, 1 Ohrring

1 Kette, 1 Anhänger,
1 Ring

1 Kette

2 Ketten, 1 Ring

1 Ring

2 Ketten

1 Kette

1 Kette

2 Ketten

2 Ketten

2 Ketten

1 Kette

1 Ring

1 Ohrring, 1 Kette,
1 Ring

1 Kette

3 Ketten, 1 Ohrring,
1 Ring, 1 Schlüssel

Farb - Testseite

Farb - Testseite

Farb - Testseite

Weitere Ausmalbücher von Alexandra Dannenmann:

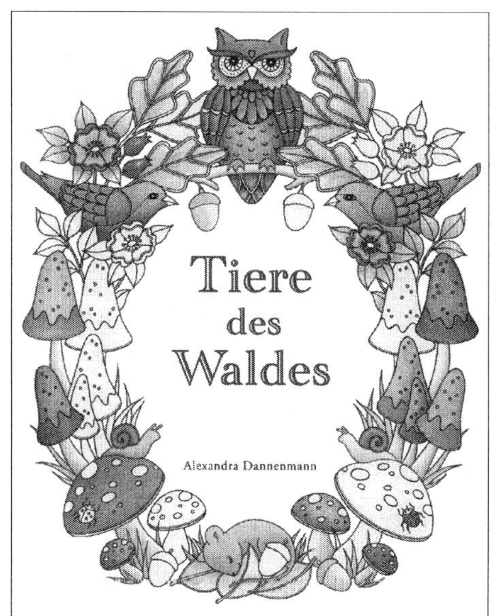

Auf meiner Homepage www.alexandra-dannenmann.de
findet Ihr noch viele weitere Bücher und Leseproben.

Zauberhafte
Weihnachten
Band 2
Alexandra Dannenmann

Zauberhafte
Weihnachten
Band 2
Alexandra Dannenmann

Meine zauberhafte
Welt
Alexandra Dannenmann

Zauberhafte
Weihnachten
Alexandra Dannenmann

Zauberhafte
Weihnachten
Band 3
Alexandra Dannenmann

Zauberhafte
Weihnachten
Band 4
Alexandra Dannenmann

Zauberhafte
Weihnachten
Alexandra Dannenmann

Das große Fotomalbuch
Mallorca
Alexandra Dannenmann

Zauberhaftes Königreich
Alexandra Dannenmann

Made in the USA
Monee, IL
07 July 2026